THÈSE

POUR LA LICENCE

L'Acte public sur les matières ci-après sera soutenu,
le vendredi 7 juillet 1854, à dix heures,

Par **MAXIME AUCHER**, né à Blois (Loir-et-Cher).

Président : **M. DE PORTETS**, Professeur.

Suffragants :
MM. **COLMET-DAAGE**,	Professeurs.
VUATRIN,	
FERRY,	Suppléants.
DURANTON,	

*Le Candidat répondra en outre aux questions qui lui seront faites
sur les autres matières de l'enseignement.*

PARIS.

VINCHON, FILS ET SUCCESSEUR DE Mme Ve BALLARD,
Imprimeur de la Faculté de Droit.
RUE J.-J. ROUSSEAU, 8.

1854.

3054

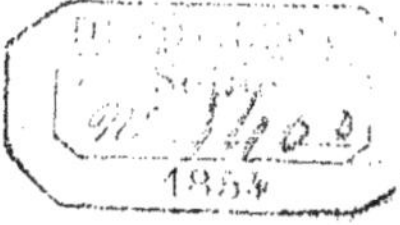

A MON PÈRE, A MA MÈRE.

JUS ROMANUM.

DE ACTIONIBUS EMPTI ET VENDITI.

(Dig., lib. xix, tit. 1.)

Emptio-venditio, contractus bonæ fidei et juris gentium, solo consensu perficitur, inter absentes vel inter præsentes, per epistolam, per nuntium, scriptis sive sine scriptis, arrhis sive sine arrhis, statim ut quid, quale, quantum vænierit et pretium appareat, nec dari necesse est.

Omnia secundum legem emptionis partes facere debent sine dolo; et si quid prætermissum est vel obscure dictum, id ex æquo et bono et loci usu supplendum est et audiendum.

Videamus nunc sigillatim utriusque obligationes et actiones.

Empti judicium emptori competit, venditi venditori datur actio.

EMPTI ACTIO.

Præcipua venditoris obligatio consistit ut vacuam rei possessionem præstet et non ut dominium det. Emptor quidem fit dominus rei traditæ, si modo ejus fuerit dominus venditor et pretium acceperit, vel eo nomine sit satisfactum. Is effectus deducitur ex obligatione vacuam rei possessionem tradendi sine nulla retentione. Attamen valet rei alienæ emptio-venditio, si bona fide fuit venditor, non enim tenetur dare, sed tantum tradere et nisi hoc præstet empti judicium in eum datur.

Vacua rei possessio videtur, si facto venditoris emptor rem integram cum suis partibus obtineat et possideat sine interpellatione nec evincatur et in lite de possessione potior sit.

Tenetur ergo ex empto venditor si alius sit in rei possessione legatorum, fideicommissorumve servandorum causa ; vel ventris nomine, vel si creditores eam possideant.

Item luere debet rem a se pigneratam venditor et usumfructum alienum redimere, nisi fundus venditus sit deducto usufructu.

Attamen prædia cum servitutibus recte traduntur, nisi vendita sint ut optima et maxima, nam generaliter parum nocent nec rei usum impediunt. Bonæ fidei consonat præterea ut venditor instrumenta fundi et fines exhibeat. Nec solam rem sed ejus appendices tradere debet venditor, quæ ipsius rei partes videntur. Talia sunt ea, ut dicit Labeo, quæ perpetui usus causa in ædificiis sunt, ut puta claves, claustra, sigilla, columnæ, tecti tegulæ, prædii sterculinum, stramenta, fistulæ, castella plombea. Quæ vero ad præsens tantum inhærent, non continentur in venditione nisi aliter conventum : mensuram dictam quoque tradere debet venditor.

Ruta-cæsa ædium fundive non sunt partes; ideo placuit cretas vel arenas rutas, vel arbores cæsas non emptas esse cum fundo in quo jacent nisi specialiter vænierint. Item de peculio servi venditi.

Jura servitutum fundo inhærent et cum eo tacite væneunt nisi aliter dictum sit in lege.

Si res vendita non tradatur, in id quod interest actoris rem habere, damnatur venditor, non autem ut rem tradat, nam, jure romano, judex in summam quanti interest damnat tantum.

Id quod interest emptoris interdum pretium egreditur; si, verbi gratia, pluris interest quam res valet, vel empta est.

Attamen æstimanda est emptoris utilitas, si modo circa rem ipsam directe et necessario consistit; non autem si ex alia causa detrimentum quod sensit actor venire potuit. Ita non æstimatur lucrum quod potuisset facere emptor vina non tradita vendendo, non magis quam pretium servorum qui fame perierunt eo quod tardius traditum sit triticum. Tenetur autem venditor, qui manumisit servum venditum cum peculio, præstare non modo servi et peculii pretium, sed etiam legatorum et hereditatum quæ postea evenerunt. Debet enim damnari venditor in omnem causam quam haberet necesse emptor si res ei tradita fuisset.

Si jactum retis emero et jactare retem piscator noluerit : incertum ejus rei æstimandum est. Si quod extraxit piscium reddere noluit ; id æstimari debuit quod extractum est.

Si vero casu vel vi res amissa sit, nec antea in mora tradendi fuerit venditor, non damnatur ; nec etiam si per emptorem steterit quo non tradita fuit res ; verbi gratia, si iter tibi vendidero, in me ex empto agere non potest si tuus non sit fundus vicinus. Si vero fundum tibi vendidero et iter ei accessurum dixero, omnino tenebor quia utriusque rei sum venditor.

Etsi res tradita sit, tenetur venditor si postea evincatur emptor ac si non esset tradita, nam ea lege pretium recepit ut in possessione rei emptor cuilibet sit potior. Parvi refert de evictione cautum sit vel non. Locus est actioni de parte evicta ut de tota re, nec refert an pars quæ superest toto pretio digna sit. Sic duos servos, quinis singulum a te

emero; alter evincitur, ex empto acturus sum quamvis alter
decem dignus sit; nec refert separatim singulos an simul utrum-
que emerim.

Evictionem, cæterum, ex causa anteriore procedere oportet
et ex jure. Si ergo vi evincitur emptor, interdicto vel actione
lege aut edicto permissa suo periculo aget.

Si peculium aut hereditas vendatur, rebus singulis non ex-
pressis, non est agendum ex empto eo quod judex, jure aut in-
juria, rem quamdam non esse peculii vel hereditatis pronun-
ciaverit. Parvi refert an ex facto venditoris aut procuratoris
procedat evictio, ex judicio vel extra judicium; ut puta, si
mihi alienum fundum vendideris et hic ex causa lucrativa meus
factus est, ex empto mihi in te competit actio.

IN QUANTUM DAMNATUR VENDITOR.

Si in venditione nihil dictum sit de evictionis summa, damnatur venditor in id quod intererat emptoris non evinci sed in
solum simplum; sed in duplum, si ita convenerit. Et agi potest
etiam ante evictionem ut interponatur dupli stipulatio. Si duplum sit stipulatum, ex stipulatu agetur.

Res æstimatur non quanti valeret traditionis tempore, sed
tunc evictionis, nam commodum et periculum emptorem spec-
tant. Æstimantur sumptus in erudiendum servum facti, nam
non modo pretium, sed omne quod interest, obtinet emptor;
dum non sint nimii sumptus erga servum modico venditum et
venditor mediocrium non sit facultatum; si vero aliter sit, periculum pretii duplum non excedere debet.

Pretium tantum obtinet emptor, si sumptus ab eo qui evincit
recuperat vel si actum est ne auctor esset venditor; dum bona
fide rem alienam vendiderit. Pretium etiam retinet si retis
jactum vel aliam rem similem quæ ex alea pendet vendiderit.

DE VITIIS REI ET DE DOLO VENDITORIS.

Non solum ob rem ipsam, sed ob vitia per quæ non liceret emptori rem habere, aut utiliter habere, tenetur ex bona fide venditor, ut puta, si vendiderit statu liberum vel fugitivum, vel noxalem, nec declaravit.

Tenetur vitiorum nomine etsi ea ignoraverit, attamen, si ignorans vendidit, præstatur tantum quod minoris emisset emptor si ea scisset ; si sciens ea reticuit et decepit emptorem omnia detrimenta, quæ directe veniunt ex emptione, præstabit : verbi gratia, ædium æstimationem quæ tigni vitio corruerunt, pecorum pretia quæ contagione perierunt, vel servorum quos fugitivus secum in fuga depulsit.

Cum sit bonæ fidei contractus emptio-venditio, de dolo semper tenetur venditor sive expressum sit sive non dolum malum abesse.

Dolus præstatur quoquo modo sit commissus, facto, dicto, dissimulatione etiam si reticeat quod pronunciare debet venditor ; et ita est etiam si stipulatus esset ne teneretur, nam non licet alterius detrimento locupletari.

De dolo futuro tenetur etiam venditor, nam non potest habere rem et pretium ; ut puta, si rem venditam Mævio vendat et tradat Sempronio. Nocet æque Mævio ac si alienam rem sciens vendidisset.

Pupillus quoque de dolo tenetur ; sed in id quod locupletior factus est, tutor qui auctor fuit, in id quod superest.

Ex die pretii soluti, fructus, operæ servorum, fœtus pecoris ad emptorem pertinent cujus personam spectat functionum gravamen.

Omnis causa restituitur, id est, legata, hereditates per servum acquisita. Evicta re, pretii quoque usuræ debentur.

DE VENDITI ACTIONE.

Ita ut a venditore rei vacua possessio tradi oportet, ita pretium solvere debet emptor; et, si cesset, ex vendito in eum agitur. Cæterum si pura sit venditio nec ad diem, rem retinere potest venditor donec pretium solvatur. Re tradita ante pretii solutionem, usuræ debentur usque ad solutionem, nam fructuum loco sunt.

Sæpe evenit tamen summoveri venditoris judicium. Quod evenit quoties non præstat rem talem qualem præstare debet. Sic inhibetur actio si venditum mancipium redhiberi debeat; vel si a venditore prohibeatur emptor legere uvas aut rei messes; vel si ab aliquo judicium patiatur de dominio, nisi idonei fidejussores a venditore ejus evictionis offerantur.

Multo magis inhibetur venditoris actio post evictionem vel redhibitionem; etiam si emptor a vero domino rem redemerit vel lucratus sit dono vel legato.

Attamen, si res aliena bona fide vænierit, non recusare debet pretii solutionem emptor etiam alienam probet donec possideat sine interpellatione; nam res tradi cum vacua possessione, non autem dari debet.

DE PACTIS INTER EMPTOREM ET VENDITOREM.

Sæpius obligationes et jura emptoris et venditoris pactis augentur vel minuuntur.

Cum sit bonæ fidei contractus emptio, hæ leges, quæque sit natura, firmæ esse debent et ex his descendunt empti et venditi judicia, dum absit dolus malus.

Hæc ita sunt, si leges in continenti insunt, vel etiam si contractæ sunt postea, sed re adhuc non secuta, nam tunc novus contractus effici videtur.

DE PERICULO ET COMMODO REI VENDITÆ.

(Dig., lib. XVIII, tit. 6.)

Omne commodum quod rei venditæ post venditionem contingit, emptori proficit : æquissimum est igitur periculum et incommodum sustinere.

Simul ac quid, quale, quantumve vænierit appareat et pretium, si pure nec sub conditione vænierit, periculum ad emptorem spectat, nisi culpa vel post moram venditoris res vendita perierit vel aliquod damnum acceperit.

Si emptor sit in mora, reus est doli tantum venditor, nam reipsa tenetur tanquam ex deposito.

Hæc ita cum certa res venditur ut in cæteris obligationibus; rei certæ debitor ejus interitu liberatur, nam nulla est impossibilium obligatio.

Si vero venditur certo pretio certa quantitas rerum quæ pondere, mensura, numerove constant, periculum spectat ad venditorem. Quomodo diceret venditor rem, non specie definitam, periisse? Si non habet quod debet, emat et tradat, quod semper est possibile.

Si hæ res per aversionem venduntur, tunc pura est venditio et quidem rei certæ, periculum ergo pertinet ad emptorem qui pretium solvere debebit licet re empta careat. Aliter esset sine dubio, si damnum culpa venditoris vel post moram eveniret.

Cum res non per aversionem venduntur sed secundum mensuram, pondus vel numerum, pereunt venditori, donec appendantur vel numerentur : nam non est adhuc perfecta emptio, incertum est enim quid væneat aut pretium.

Item est de lege degustandi. Attamen si in mora est emptor, patitur periculum.

In venditione conditionali, res perit venditori ante conditio-

nem impletam, nam re interita emptio–venditio esse non potest. Si pars tantum perierit, ad emptorem spectat ut commodum.

Si defecerit conditio manifestum est rem omni modo pe-
rire venditoris, nisi facto emptoris damnum evenerit

Si res sub clausula alternativa vænierunt, quæ prima perit,
venditori perit, secunda emptori perit.

Denique licet emptori et venditori aliter dicere legem erga
rei venditæ periculum.

POSITIONES.

I. Repellitur emptor, qui rem sibi tradi intendit, nec offert
pretium etiamsi aliqua lege debere desiit..

II. Pupillus qui dolo vendit in id tantum quod locupletatur,
tenetur.

III. Venditor, in re servanda, latam et levem culpam præstare
debet.

IV. In venditione pure facta, res emptori perit.

V. Si sit conditionalis, venditori perit.

DROIT FRANÇAIS.

DE LA VENTE.

(Code Nap., art. 1582-1657. Loi du 20 mai 1838, sur les vices rédhibitoires. Loi du 25 juin 1841, sur la vente des marchandises neuves. Code de proc., art. 175-186.)

La vente est un contrat par lequel une partie s'engage à transférer et à livrer une chose à une autre partie qui doit en payer le prix convenu.

Ce contrat est consensuel, synallagmatique, à titre onéreûx et commutatif. Il est soumis aux conditions ordinaires des contrats. Il est parfait, dès qu'il y a accord sur la chose et sur le prix. Nulle condition de forme n'est prescrite. L'écriture n'est exigée que pour la preuve, et seulement lorsqu'il s'agit de plus de 150 fr. Tel est l'esprit de l'art. 1582 qui, en disant que la vente se fait par acte authentique ou sous seing privé, a voulu abroger l'ancienne jurisprudence, qui exigeait la forme authentique pour les ventes d'immeubles.

Elle peut être pure et simple, à terme ou sous condition suspensive ou résolutoire ; avoir pour objet un ou plusieurs corps certains ou des quantités.

Dans les deux premiers cas, la propriété de la chose vendue

est transférée à l'instant, avant la tradition. Dans le troisième, la propriété est incertaine jusqu'à l'événement ou la défaillance de la condition.

Si la condition est résolutoire, la vente est pure et simple, quant à ses effets immédiats ; mais si la condition s'accomplit, l'acheteur sera réputé n'avoir jamais été propriétaire. Le vendeur sera censé n'avoir pas cessé de l'être. Et si les droits réels consentis dans l'intervalle par l'acheteur sont annulés, ceux consentis par le vendeur sont maintenus.

La propriété du corps certain vendu sans condition suspensive est transférée immédiatement, qu'il s'agisse de meubles ou d'immeubles. Il n'est pas besoin de tradition pour les meubles ni de transcription pour les immeubles, comme sous la loi du 11 brumaire an VII. De sorte que si la même chose a été vendue successivement à diverses personnes, la question à résoudre sera uniquement de savoir quel est le premier acheteur ; elle se décidera par l'examen des dates des actes authentiques, et en faveur de l'acheteur dont l'acte sous seing privé aura la date certaine la plus ancienne.

Du reste, cette règle s'applique aussi à la vente sous condition suspensive, à raison de la rétroactivité de la condition.

Si le meuble déjà vendu a été vendu et livré à un second acheteur de bonne foi, ce dernier en deviendra propriétaire, non pas en vertu de sa vente, car le vendeur n'étant plus propriétaire, mais étant simple dépositaire, n'a pu donner un droit de propriété qu'il avait déjà aliéné, il en deviendra propriétaire par une sorte de prescription instantanée, en d'autres termes, en vertu de la règle : en fait de meubles possession vaut titre.

Les risques et périls de la chose vendue sans condition suspensive, sont à la charge de l'acheteur, si le vendeur n'est ni en demeure de livrer, ni en faute. De même, il profite des améliorations.

Si, au contraire, la vente est sous condition suspensive, la perte totale est pour le vendeur, car la vente n'étant pas encore parfaite et ne donnant qu'une espérance de propriété, ne peut pas le devenir, faute d'objet lors de l'accomplissement de la condition. Si la perte n'est que partielle, la loi française, différant en cela du droit romain, laisse à l'acheteur la faculté de résilier le contrat sans dommages-intérêts, ou de l'exécuter sans diminution de prix.

Les ventes de denrées, marchandises et autres choses fongibles ou de quantité, sont considérées comme ventes de corps certain, si elles sont faites en bloc, *per aversionem*, et pour un seul prix ; elles sont alors soumises aux mêmes règles.

Si elles sont faites à tant la mesure, que l'acheteur doive les prendre en totalité ou en partie seulement, elles rentrent dans la classe des ventes faites sous condition suspensive. Jusqu'au compte, pesage ou mesurage, on ignore en effet, ou quel est le prix, ou quelle est la chose vendue. Les risques sont donc pour le vendeur. Il en est de même des ventes faites à l'essai ou sous la réserve de la dégustation.

Il y avait controverse dans l'ancien droit sur l'effet à donner aux promesses réciproques d'acheter et de vendre. Les uns voyaient dans cette convention, une simple obligation de faire se résolvant en dommages-intérêts ; les autres la considéraient comme une vente parfaite, et, en conséquence, ils décidaient que les tribunaux devaient autoriser l'acheteur à prendre possession *manu militari*.

Le Code donne à cette convention le même effet qu'à la vente. C'est avec raison, puisqu'elle est, comme la vente, le fruit de la volonté commune des parties.

Si la promesse est unilatérale, il n'y a vente qu'après avoir été acceptée par l'autre partie.

Des arrhes sont souvent ajoutées à la vente. Leur effet est, suivant l'intention des parties, tantôt de prouver le contrat sans permettre aux parties de se dédire, tantôt de leur permettre de se désister en perdant chacune une somme égale à ces arrhes.

DU PRIX.

Il n'y a pas de vente sans prix, elle serait sans cause pour le vendeur et non avenue par conséquent.

Le prix doit être fixé en monnaie ayant cours pour distinguer la vente de l'échange. Il doit être sérieux, c'est-à-dire assez élevé pour que les parties aient pu le considérer comme l'équivalent de la chose; mais il n'est pas nécessaire qu'il y ait égalité de valeur. La spéculation n'est interdite que lorsqu'elle dépasse les limites de l'équité. Ainsi la vente d'immeublés est rescindable pour lésion de plus des sept douzièmes du juste prix de l'immeuble vendu. Peu importe, du reste, que ce prix soit fixé par les parties ou par des arbitres; seulement dans ce dernier cas la vente est conditionnelle et ne devient parfaite que par la fixation du prix, en sorte que si le tiers refuse de fixer le prix, il n'y a pas de vente.

Des charges ou prestations particulières peuvent être ajoutées au prix soit en faveur du vendeur, soit en faveur des tiers. Il est même certains accessoires désignés par la loi: tels sont les frais et loyaux-coûts du contrat, les frais ordinaires de transcription.

DE LA CHOSE VENDUE.

Toute chose en principe peut être l'objet de la vente, meuble ou immeuble, corporelle ou incorporelle, de simples chances, espérances ou prétentions juridiques, un coup de filet, une récolte future, un droit litigieux.

La prohibition ne s'applique qu'aux choses illicites ou hors du commerce ou impossibles. Mais aussi dans ces trois cas, il n'y a pas de vente, pas de prix à payer, et s'il avait été payé il pourrait être répété comme donné indument; le vendeur ne peut pas être forcé à livrer. Telles sont les ventes d'une succession future, d'un homme, de fonctions publiques, de blés en vert, de pistolets de poche, cannes à épée, tromblons et autres armes réputées dangereuses, des armes et munitions de guerre.

Il est d'autres choses qui, comme les poudres, tabacs, cartes à jouer, poisons, sont l'objet d'un monopole et ne peuvent être vendues et achetées que par les personnes autorisées. Une loi du 25 juin 1841 défend la vente aux enchères des marchandises neuves, sauf quelques exceptions.

Qui peut acheter et vendre ?

En principe toute personne peut acheter et vendre.

L'incapacité n'atteint que les personnes comprises dans les classes générales d'incapables, ou celles spécialement désignées.

Les incapacités générales atteignent les mineurs, interdits, femmes mariées, les aliénés enfermés par ordre administratif dans les hospices départementaux, les condamnés aux travaux forcés à temps, à la réclusion, à la détention, à la déportation pendant la durée de leur peine, aux contumaces.

Comme incapacités spéciales, nous indiquerons celles des personnes qui, étant chargées de vendre des biens, ne peuvent les acheter ni par eux-mêmes, ni par personnes interposées, ni sous forme de mandat; tels sont les tuteurs, notaires, huissiers, commissaires priseurs. L'avoué poursuivant une vente sur saisie immobilière, ne peut s'en rendre adjudicataire ni directement ni indirectement; car il pourrait éloigner les enchérisseurs en leur donnant de faux renseignements. Les juges, greffiers et officiers du ministère public ne peuvent non plus enchérir les biens vendus devant leur tribunal. Ces officiers ne peuvent non plus, ainsi que les avoués, huissiers, avocats, acheter des droits litigieux qui doivent être jugés par leur tribunal.

Une remarque commune à tous ceux qui sont déclarés incapables par suspicion d'abus d'autorité, c'est que ces personnes ne peuvent pas demander la nullité qui ne pourra être invoquée que par le vendeur ou par celui sur qui a été cédé le droit litigieux.

La vente est également interdite entre époux. La loi a craint, avec raison, que l'un abusât de son influence pour se faire faire, sous l'apparence de ventes, des donations déguisées, irrévocables.

Du reste, lorsque cette crainte disparaît et que la vente a une cause légitime, elle est permise. Trois cas sont indiqués à cet égard, qui après tout sont de véritables dations en paiement. Il valait mieux, en effet, pour éviter des pertes inutiles, autoriser l'époux débiteur à donner ses biens en paiement à son conjoint, que de l'obliger à les vendre ou à subir l'expropriation.

Enfin si l'immeuble a été donné en paiement pour un prix inférieur à sa valeur, les héritiers à réserve du débiteur pourront en demander compte à l'époux acheteur.

Le failli, déclaré tel, ne peut plus vendre, après le jugement, il le peut encore, même après la cessation de ses paiements; mais les tribunaux peuvent annuler les ventes par lui consenties à des tiers qui avaient connaissance de sa faillite.

DES OBLIGATIONS DU VENDEUR.

Elles sont au nombre de quatre: expliquer clairement ce à quoi il s'oblige lui-même, transférer la propriété, délivrer la

chose vendue, la garder en bon père de famille jusqu'à la livraison, garantir l'acheteur de tous troubles et évictions, des
servitudes occultes et des vices rédhibitoires.

Les parties peuvent du reste modifier ces obligations, les
étendre ou les restreindre par leurs conventions particulières.

Translation de propriété.

L'art. 1603 omet de parler de cette obligation importante.
C'est apparemment à raison de ce que cette obligation est une
très grave innovation au droit romain et à l'ancienne jurisprudence. Autrefois la vente ne créait que l'obligation de livrer et
garantir la chose. Tant que l'acheteur possédait paisiblement
et sans trouble procédant du vendeur ou de ceux dont il était
l'ayant cause, il ne pouvait ni demander la nullité de la vente
ni même se refuser à payer le prix. Il n'y avait d'exception que
pour le cas où il était prouvé que le vendeur avait vendu sciem-
ment la chose d'autrui. La possession paisible et utile de la
chose était le but direct de la vente et non la translation de
propriété.

Ces idées ont été rejetées par le législateur moderne, il a
considéré que la translation de propriété était le but direct que
se proposaient les parties ; voilà pourquoi la vente de la chose
d'autrui est nulle, que le vendeur soit de bonne ou de mauvaise
foi. Ce principe nouveau résulte des art. 711, 1138, 1583, aux
termes desquels le contrat suffit pour rendre propriétaire le
créancier, sans qu'il soit besoin de tradition, et surtout de
l'art. 1599 qui, en déclarant nulle la vente de la chose d'autrui,
n'a pu le faire qu'en admettant que le vendeur devait rendre à
l'instant du contrat l'acheteur propriétaire et qu'il avait man-
qué à cette obligation.

Il ne signifie pas évidemment que cette vente est nulle à l'égard du véritable propriétaire. Cette nullité allait de soi, *nemo dat quod non habet*; elle était d'ailleurs admise autrefois comme aujourd'hui (art. 2125 et 2182).

Des auteurs exagérant, ce me semble, la pensée de l'art. 1599, ont dit que dans le cas de vente de la chose d'autrui, il n'y avait pas de vente du tout, pas même l'apparence, puisque l'acheteur ne devant pas avoir la propriété, serait obligé sans cause; qu'en conséquence, l'art. 1304 ne fixera pas la durée de l'action en nullité, et que l'acheteur pourra ainsi répéter pendant trente ans comme ayant payé indument. Le vendeur pourrait aussi reprendre la chose en rendant le prix.

Quant aux dommages-intérêts que l'art. 1599 permet d'allouer à l'acheteur de bonne foi, on les explique en disant qu'ils sont dus en vertu des art. 1382 et 1383, comme réparation du dommage injustement causé à l'acheteur par le délit ou quasi-délit du vendeur.

Une autre opinion soutient qu'elle n'est qu'annulable; mais qu'elle est valable et subsiste jusqu'à annulation.

On invoque le système de notre droit qui, en général, n'admet pas les nullités de plein droit; les art. 550, 2265, qui reconnaissent une certaine vertu juridique à la vente de la chose d'autrui, puisqu'ils en font le principe de l'acquisition des fruits et de l'abréviation du temps de la prescription. Notre art. 1599, en accordant des dommages à l'acheteur, le suppose bien créancier du vendeur, car les dommages-intérêts sont la réparation du dommage causé par l'inexécution d'une obligation. Enfin, comme en cas de trouble ou de danger de trouble, l'art. 1653 autorise l'acheteur à garder la chose, tout en refusant le prix, sans distinguer s'il y a preuve ou non de la non propriété, c'est une preuve de plus que la vente n'est pas le néant.

En conséquence, si depuis la vente l'acheteur est devenu

propriétaire par prescription ou par le fait du vendeur, la nullité est couverte.

Cette vente serait nulle aussi quand même elle aurait été consentie par un héritier apparent même de bonne foi à un acheteur de bonne foi. L'article ne distingue pas, et d'ailleurs à quoi servirait la prescription si elle était inutile dans cette hypothèse?

DE LA DÉLIVRANCE.

La propriété procure bien quelques avantages par elle seule et indépendamment de la jouissance; mais c'est surtout en vue de la perception des fruits que nous aspirons à la propriété. De là pour le vendeur l'obligation de délivrer la chose vendue à l'acheteur. Délivrer, c'est mettre la chose à la libre disposition de l'acheteur. Dès que l'acheteur aura donc cette chose en son pouvoir, la délivrance sera parfaite, sinon elle ne le sera pas.

Le Code indique, il est vrai, la remise des clefs et des titres comme des actes de livraison; mais ce n'est que parce que ces objets sont eux-mêmes des accessoires qui doivent êtres livrés; ce n'est nullement limitativement.

Avec la chose doivent être livrés les accessoires conventionnels et les accessoires nécessaires, c'est-à-dire les objets qui sont inhérents à la chose et ne peuvent en être séparés sans la détériorer ou la rendre incomplète. Les autres qui se trouvent sur la chose vendue restent en dehors de la vente, à moins de convention contraire.

La contenance de l'immeuble vendu doit aussi être délivrée telle qu'elle a été indiquée au contrat, ni plus ni moins. Autrement il y aurait lésion pour l'une des deux parties; la loi ne l'admet pas ici.

Cinq cas peuvent se présenter : 1° l'immeuble a été vendu pour un prix fixé sans indication de contenance ; 2° il a été vendu à tant la mesure. Dans ces deux cas, il n'y a pas de lésion possible. 3° La vente a été faite avec indication de la contenance et à raison de tant la mesure. Il peut y avoir plus, il peut y avoir moins. Dans le premier cas, l'acheteur est obligé de tout prendre et de tout payer, si l'excédant n'est pas d'un vingtième, sinon il peut résilier. S'il y a différence en moins, l'acheteur peut exiger la mesure promise ou ne payer que les mesures livrées, ou même résilier, s'il est prouvé que ce terrain ainsi réduit n'atteindrait pas son but. 4° Un ou plusieurs immeubles ont été vendus pour un seul prix, avec indication seulement de la contenance totale. Alors les parties ayant fixé approximativement et songé surtout à l'immeuble, à ses produits autant qu'à sa contenance, la lésion ne sera relevée par l'une ou l'autre des parties, que si elle est au moins d'un vingtième de la contenance ou de la valeur, ce qui revient au même. 5° Enfin, si divers immeubles ont été vendus pour un seul prix, avec indication de la contenance de chacun, la lésion devra être aussi d'un vingtième en plus ou en moins du prix. Mais comme le prix a été calculé sur la valeur moyenne de chaque contenance indiquée pour chaque immeuble, la lésion ne sera relevée que si, ventilation faite de la valeur de ce qui se trouve en plus dans une pièce, avec celle de ce qui se trouve en moins dans une autre, on obtient une lésion d'un vingtième.

Les parties renoncent ordinairement à ces recours ; elles ne peuvent intenter l'action que dans l'année de la vente, ce temps est bien suffisant pour connaître et réparer l'erreur.

Du reste, il est bien certain que si le vendeur ne fait pas la délivrance au temps et au lieu convenu ou d'usage, il peut être condamné à des dommages-intérêts, voir résoudre le contrat, et même l'acheteur se faire mettre en possession *manu militari*, s'il est muni d'un titre exécutoire.

Enfin, pour demander utilement la délivrance, l'acheteur doit commencer par exécuter sa propre obligation de payer le prix, à moins qu'il n'ait un terme dont il n'a pas été déchu; le vendeur a le bénéfice de rétention de la chose vendue au comptant.

DE LA GARANTIE.

La garantie est l'obligation imposée au vendeur de défendre l'acheteur contre les troubles apportés à sa possession par des tiers qui prétendent des droits réels sur cette chose, et de l'indemniser en cas d'éviction. Elle est naturellement corrélative à celle de payer le prix. Elle existe donc de plein droit, sans stipulation; elle peut même être retranchée, pourvu que cette clause de non garantie ne s'applique pas à des faits personnels au vendeur; car autrement il s'enrichirait par dol aux dépens d'autrui. Ainsi donc, malgré toute convention contraire, il répond de l'éviction éprouvée par celui à qui il a vendu en second lieu l'immeuble qu'il avait déjà vendu à un autre.

Du reste, la garantie s'applique seulement aux causes antérieures à la vente, quand elles ne proviennent pas du vendeur; elle s'applique aux causes postérieures si elles proviennent du vendeur lui-même.

La clause de non garantie ne dispense pas le vendeur de rendre le prix, autrement il le retiendrait sans cause ; elle le met uniquement à l'abri des frais et loyaux-coûts du contrat, des frais du procès, de la plus-value et des autres indemnités. Il y a plus, le vendeur ne rendra même pas le prix s'il a vendu sans garantie à l'acheteur qui connaissait le danger d'éviction ou à ses risques et périls. La vente est aléatoire, son objet est une chance ou espérance d'avoir la chose vendue.

En cas d'éviction le vendeur rend à l'acheteur : 1° le prix;

2° les frais et loyaux-coûts du contrat, ceux ordinaires de trans-cription ; 3° la plus-value acquise fortuitement par la chose depuis la vente jusqu'à l'éviction ; 4° les dépenses nécessaires et utiles en totalité, quand même l'acheteur ne les rendrait au vendeur que jusqu'à concurrence de la plus-value ; 5° les dépenses voluptuaires, si le vendeur est de mauvaise foi ; 6° les fruits, si l'acheteur doit les rendre au revendiquant ; 7° les frais du procès en revendication et en garantie.

De son côté, l'acheteur doit compte au vendeur : 1° des fruits à partir de sa mauvaise foi, c'est-à-dire, ordinairement à partir de la demande en justice ; 2° des dégradations commises de mauvaise foi et même de ce dont il est devenu plus riche par celles qu'il a faites de bonne foi.

Si l'éviction est partielle, la loi ne distinguant pas, comme l'ancien droit, si elle a lieu *pro diviso vel pro indiviso*, il faut en conclure que sa pensée est de n'admettre qu'une règle uniforme et de donner à l'acheteur la valeur actuelle de la partie évincée. C'est d'elle, en effet, que son patrimoine est diminué. Enfin, l'acheteur pourra demander la rescision pour erreur sur la substance, s'il prouve qu'il n'aurait pas acheté, s'il avait su n'avoir qu'une partie de la chose.

SERVITUDES OCCULTES.

Comme le vendeur est obligé par l'équité à procurer à l'acheteur une possession paisible et utile, il devait, comme l'a fait l'art. 1638, soumettre le vendeur à la garantie des servitudes occultes, inconnues à l'acheteur, qu'elles fussent ou non connues du vendeur qui ne les a pas déclarées dans l'acte.

Du reste, la découverte de toute servitude occulte ne donne pas lieu à garantie, il faut qu'elle soit de telle importance que l'acheteur n'eût pas acheté ou n'eût donné qu'un prix moindre s'il l'avait connue. De là deux actions : l'une rescisoire et l'autre en diminution de prix, *quanti minoris.*

VICES RÉDHIBITOIRES.

Quelque graves que soient les défauts apparents, le vendeur n'est obligé ni d'en répondre ni de les déclarer. Si l'acheteur les ignore, il doit s'en imputer la faute, car il pouvait examiner lui-même ou faire examiner la chose par un tiers; ne pas acheter aveuglément. Il en est autrement des vices cachés, vulgairement appelés rédhibitoires. Ils sont tels que leur connaissance eût empêché la vente ou tout au moins diminué le prix; ordinairement, ils ne peuvent être connus qu'après plusieurs jours de possession.

Le Code Napoléon donne à l'acheteur à son choix ou l'action *quanti minoris* ou l'action rescisoire. Il laisse aux usages locaux et la désignation des choses et des vices et la fixation du temps de l'action.

Une loi du 20 mai 1838 a dérogé au Code sous plusieurs rapports. Elle détermine les animaux domestiques dont la vente pourra être rescindée pour vices cachés, et ces vices, elle fixe également un délai uniforme pour toute la France, neuf jours en général et trente jours pour l'épilepsie et la fluxion périodique des yeux, sauf augmentation à raison de la distance du domicile du vendeur au lieu où est découvert le vice.

L'acheteur doit faire constater au préalable le vice par un expert désigné par le juge de paix et donner copie du procès-verbal avec l'assignation. L'action *quanti minoris* est abolie, comme donnant lieu à des fraudes. L'action est portée devant le tribunal du domicile du vendeur, elle s'instruit sommairement.

Du reste, le Code et la loi s'accordent pour refuser l'action.

dans les ventes faites par autorité de justice et distinguer pour
le chiffre des dommages-intérêts entre le vendeur de bonne
foi et celui de mauvaise foi.

PROCÉDURE DE LA DEMANDE EN GARANTIE.

Cette procédure varie suivant les divers cas de garantie; elle
est principale ou incidente. Elle est principale, lorsque : 1° l'a-
cheteur de la chose d'autrui succède au véritable propriétaire
comme donataire, héritier, légataire ou acheteur; 2° lorsqu'un
tiers, à tort ou à raison, vient exercer par des voies de fait des
droits de propriété ou de servitude ; 3° lorsque l'acheteur ayant
été évincé par un jugement passé en force de chose jugée, vient
attaquer son vendeur.

Dans le premier cas, le débat existe uniquement entre le
vendeur et l'acheteur; dans le second, le débat est engagé entre
le vendeur, le tiers, auteur du trouble, et l'acheteur qui conclut
contre le tiers à ce qu'il soit déclaré être sans aucun droit, et
contre le vendeur à ce qu'il l'indemnise en cas d'éviction.

L'action est incidente lorsqu'elle est intentée durant le procès
principal exercé contre l'acheteur qui, pour se défendre, met
en cause son vendeur. Dans cette hypothèse, il peut se faire
mettre hors de cause, éviter la condamnation aux dépens ; il a
de plus la faculté de rentrer en cause pour se défendre s'il croit
ses intérêts compromis par le garant.

La position la plus fâcheuse est celle du garanti qui n'exerce
son action qu'après avoir été évincé par un jugement irrévo-
cable. Sa demande sera repoussée, si le vendeur prouve qu'il
existait des moyens certains de repousser la demande, tels que
la prescription; dans les autres cas le jugement est commun
aux deux parties.

OBLIGATIONS DE L'ACHETEUR.

L'acheteur a deux obligations : prendre livraison de la chose vendue et payer le prix. La seconde est évidemment la principale ; si l'acheteur refusait de prendre livraison, le vendeur lui ferait sommation d'enlever sa chose et se ferait autoriser à la mettre en dépôt aux risques de l'acheteur. Toutefois, si la vente a été faite sans terme, l'acheteur ne peut demander la livraison qu'en offrant le prix et le vendeur aurait la faculté de la retenir tant qu'il ne serait pas payé.

Le prix doit être payé ou comptant ou au terme convenu. Il porte intérêts à partir du jour convenu , sinon du jour de la tradition, si la chose est frugifère, et, à compter de la sommation de payer, dans le cas contraire.

Le vendeur a six moyens distincts pour contraindre l'acheteur à payer : il a 1° le droit de rétention; 2° l'action personnelle ou droit de faire saisir et vendre les biens de son débiteur ; 3° un privilége spécial sur la chose vendue, meuble ou immeuble, que la vente soit à terme ou sans terme; 4° le droit de suite sur l'immeuble; 5° le droit de revendication des meubles vendus au comptant; 6° le droit de faire résoudre la vente.

Le vendeur toutefois ne peut demander le prix ni la résolution tant que l'acheteur est troublé, ou a juste sujet de craindre d'être troublé ou évincé par une action hypothécaire ou en revendication ; à moins de convention contraire, ou à moins qu'il ne fournisse des sûretés pour assurer la restitution du prix à l'acheteur en cas d'éviction.

Lorsque la résolution est demandée, le tribunal peut accorder à l'acheteur un délai pour payer, à moins que le vendeur ne soit en danger de perdre la chose, qui est en voie de destruction, et le prix, le débiteur étant insolvable.

Lorsque le pacte commissoire est ajouté à la vente, il résout la vente à l'arrivée du terme ou de la sommation selon qu'il a été convenu.

L'effet de cette résolution est de remettre les choses et les parties au point où elles étaient avant la vente et d'abolir tous les droits consentis par l'acheteur sur l'immeuble vendu. Car pour les tiers détenteurs des meubles vendus, il est évident qu'ils sont à l'abri de toute action.

La résolution a lieu de plein droit lorsque des meubles vendus ne sont pas retirés au temps convenu ; toutefois, cela n'a lieu qu'au gré du vendeur, qui peut poursuivre l'acheteur en paiement du prix, s'il le préfère.

ÉCHANGE.

(Art. 1702-1707.)

L'échange, qui chez les Romains était un contrat réel, est chez nous un contrat consensuel, comme la vente.

Dans ce contrat, l'une des parties s'engage à donner à l'autre une chose comme équivalent de celle que l'autre partie doit lui donner en retour. La translation de propriété est son but direct comme dans la vente. L'échange est annulable si l'une des parties n'est pas propriétaire de ce qu'elle remet en échange. Elle peut être contrainte à rendre celle qu'elle a reçue et être condamnée à des dommages-intérêts, si l'autre partie est de bonne foi.

De même, chacune des parties peut demander la résolution, si l'autre refuse de faire la délivrance.

On suit au surplus toutes les règles de la vente, à quelques exceptions près : ainsi, l'échange n'est pas soumis à rescision pour lésion de plus des sept douzièmes ; il n'y a jamais nécessité de faire ce contrat ; ainsi, il n'y a pas à revenir sur les différences des contenances, enfin une chose en nature tient lieu de prix.

QUESTIONS.

I. Lorsque les parties ont nommé un arbitre pour fixer le prix de la vente , si celui-ci refuse de fixer le prix , ou meurt avant de l'avoir fixé , il n'y a pas de vente.

II. La vente faite sans fixation de prix par les parties qui s'engagent seulement à nommer des arbitres pour le fixer, se résout en dommages-intérêts.

III. La vente d'immeubles est parfaite, *ergà omnes* , dès qu'il y a accord sur la chose et sur le prix , sans qu'il soit besoin de transcription.

IV. La propriété d'un meuble est transférée par le seul effet de la vente.

V. La nullité de la vente entre époux se prescrit par dix ans.

VI. Si , lorsque la vente entre époux est valable, il résulte de ce contrat un avantage indirect pour l'un des époux , les héritiers à réserve de l'autre pourront seuls demander la réduction.

VII. Le tuteur qui a acheté des biens de son mineur ou des créances sur ce mineur, ne peut pas demander la nullité de cette vente.

VIII. La vente de la chose d'autrui est annulable.

IX. La nullité de cette vente est couverte dès que le vendeur est devenu propriétaire de la chose vendue.

X. La vente consentie par l'héritier apparent est nulle malgré la bonne foi de celui-ci et de l'acheteur.

XI. L'adjudicataire sur saisie immobilière n'a pas d'action en garantie.

XII. Le vendeur non payé qui a formé sa demande en résolu-

tion et l'a notifiée au greffe avant l'adjudication sur saisie immobilière , conserve le droit de faire prononcer cette résolution
contre l'adjudicataire.

XIII. En cas de pacte commissoire , la vente est résolue de
plein droit après la sommation de payer ou après l'expiration
du terme fixé par la convention.

XIV. L'action en garantie est divisible.

XV. L'art. 1637 s'applique à l'éviction *pro diviso* comme à
l'éviction *pro indiviso*.

Vu par le Président de la thèse,
DE PORTETS.

Vu par le Doyen,
C.-A. PELLAT.